Zanzibar, le 5 avril 1878.

M

Je demande toute votre indulgence pour le rapport officiel que je vous fais parvenir. Comme nous devons parcourir de nouveau la même route, je m'étendrai, dans le prochain rapport, aux parties sur lesquelles j'ai glissé trop légèrement cette fois-ci.

Agréez, etc.

Signé : CAMBIER.

RAPPORT

DE

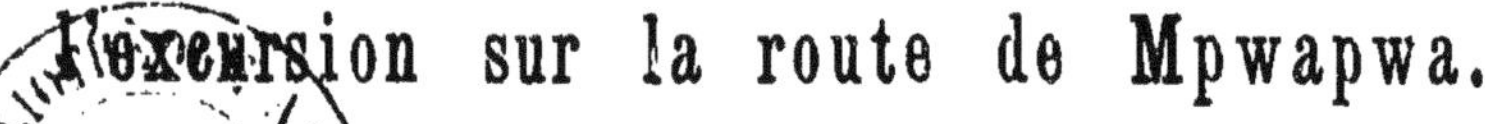

L'excursion sur la route de Mpwapwa.

La nécessité, pour la première expédition internationale Africaine, de s'assurer de la viabilité de la route de Mpwapwa, au point de vue de l'emploi de chariots et les bruits contradictoires qui circulaient sur la réussite des tentatives successives de MM. Price, Mackay et Broyon, avaient déterminé le capitaine Crespel à se rendre compte par lui-même de la possibilité d'utiliser les voitures dans l'expédition qu'il avait entreprise.

Tout le personnel européen devait l'accompagner dans cette reconnaissance. Le capitaine se proposait en outre de voir M. Philippe Broyon, qui lui avait fait les offres de service les plus obligeantes; et comptait retirer les plus grands fruits des conseils de ce voyageur expérimenté. Cette excursion de peu de durée, devait être une école d'apprentissage pour les voyageurs Belges.

La maladie du capitaine Crespel le força de renoncer au

dernier moment à faire partie de l'expédition projetée; il fut décidé que M. Maes resterait également à Zanzibar.

Le capitaine me chargea alors de parcourir en compagnie de M. Marno, la route suivie par les voitures, de Sadaani à Mpwapwa, où nous supposions que M. Broyon, prévenu par une lettre de notre arrivée, nous attendrait. Pendant notre absence, il se proposait de se rendre à Sadaani avec M. Maes et de s'occuper du dressage des bœufs.

Le départ de l'expédition fut fixé au lundi, 14 Janvier.

Les préparatifs furent achevés en toute hâte et les bagages embarqués sur deux dhows le dimanche dans l'après-dîner.

La mort imprévue de Monsieur Maes qui succomba aux suites d'une insolation, après une nuit de souffrances, le jour même fixé pour le départ, fit différer jusqu'au mercredi suivant l'embarquement de la caravane.

16 Janvier. — Le 16 Janvier à 11 1/2 heures du matin, nous prîmes la mer, M. Marno et moi, un chef indigène de caravane, un sous-chef, 13 soldats, 32 porteurs, 2 domestiques et 1 cuisinier, en tout 2 Européens et 50 nègres.

Le vent quoique assez fort, nous était favorable et nos deux embarcations voguaient rapidement vers la côte africaine, quand, vers 1 1/2 heure de relevée, la vergue de la barque que nous montions, se brisa, la voile se déchira du haut en bas, et les débris violemment agités par le vent contusionnèrent les passagers et l'équipage au milieu des cris les plus discordants.

On parvint assez rapidement à amener la voile et le calme se rétablit à peu près.

Pendant ce temps le second dhow qui nous suivait d'assez près, nous dépassa; on lui cria de rebrousser chemin et au retour il s'approcha de nous le plus possible. Je réussis à sauter sur son bord, mais l'état de la mer empêcha M. Marno de suivre mon exemple. Il fallait retourner à Zanzibar pour réparer les avaries.

L'embarcation sur laquelle j'étais passé dériva fortement vers le Sud, et, vers 3 1/2 heures de relevée, elle alla donner contre des rochers de corail, distant d'environ 2 à 300 mètres du rivage, à 2 lieues de la ville de Zanzibar.

Les nègres se jetèrent à l'eau dont la profondeur ne dépassait pas 1m70; l'un deux me porta sur ses épaules, et les bons nageurs marchant en avant pour indiquer les crevasses du fond de la mer, nous atteignîmes sans accidents les bords de l'île.

Vers 6 heures du soir nous rentrions à Zanzibar où le capitaine Crespel, MM. Greffulhe et Sorgère, agents de la maison Roux de Fraissinet et M. Gaillard de Ferry, consul Français, s'occupèrent avec une sollicitude inquiète, jusqu'à une heure avancée de la nuit, des secours à envoyer à l'embarcation de M. Marno. L'obscurité et les dangers de la navigation sur ces côtes peu profondes rendit toutes leurs démarches inutiles. M. Marno rentra sain et sauf le lendemain matin; il avait passé la nuit dans son embarcation mouillée sur un banc de sable.

17 Janvier. — La journée du jeudi fut employée à transborder les bagages des anciennes barques dans de nouvelles qu'on s'était procurées.

18 Janvier. — Le lendemain, dans la matinée, nous étions prêts à partir, quand le chef de la caravane vint nous faire remarquer que ce jour-là était un vendredi, et que la religion musulmane leur défendait de se mettre en route avant d'avoir fait la prière de midi (Athuhri). Bien nous prit d'accéder à leur demande, car vers une heure de relevée on vint nous informer que le boutre, contenant les bagages, faisait trop d'eau, et qu'il était incapable de tenir la mer. Le capitaine Crespel et M. Greffulhe s'occupèrent immédiatement de la recherche de deux nouvelles embarcations qui partiraient successivement dès qu'elles seraient prêtes, et M. Marno et moi nous nous embarquâmes sur une « betelle » qui quitta le port à 3 heures de l'après-dîner. La traversée se serait, cette fois, exécutée sans encombre, si, vers 9 1/2 heures du soir, nous n'étions venus échouer sur un banc de sable à 2 ou 3 kilomètres de la côte d'Afrique.

Il faisait heureusement un clair du lune superbe, et après l'explosion de cris qui accompagne ici tout accident, grave ou futile, nos noirs compagnons agirent comme dans le naufrage précédent; ils se jetèrent dans l'eau et nous portèrent à tour de rôle sur leurs épaules. Le trajet dans la mer jusque Sadaani dura environ une heure; dès que la profondeur n'atteignit plus que la ceinture, nous ne souffrîmes plus qu'on nous portât.

Vers 10 1/4 heures nous arrivâmes à Sadaani où nous reçumes un accueil cordial de M. Mackay, membre de la Church missionary society, qui se trouvait provisoirement dans cette localité avec un de ses compagnons. Ces messieurs nous offrirent obligeamment des effets de rechange, le souper et le logement. Nous acceptâmes de grand cœur.

19 JANVIER. — Le lendemain, vers 3 heures de relevée, arriva la seconde barque avec une partie du personnel et des bagages. Le reste ne débarqua que dans la nuit du samedi.

20 JANVIER. — La journée du dimanche fut employée à distribuer les armes aux « askaris » et les fardeaux aux « pagazis » à mettre la dernière main à la confection des ballots et à complèter quelques détails qu'on avait oubliés.

21 JANVIER. — Enfin, le lundi, 21 janvier, à 8 1/4 heures du matin, la caravane se mettait en route. Le gouverneur, à qui nous avions rendu visite et remis une lettre particulière du Sultan, était venu nous voir à plusieurs reprises pendant notre séjour à Sadaani; il tint même à nous accompagner pendant quelque temps lors de notre départ, et nous remit, en nous quittant, un sauf-conduit pour les chefs de l'intérieur. Il nous fit accompagner jusqu'à la première étape, par trois de ses soldats qui tiraillèrent, en notre honneur, pendant toute la route.

Le trajet de Sadaani à Ndumi, environ 7 1/2 kilom., fut exécuté en 2 heures. Cette marche se fit dans une plaine basse, couverte de taillis et de buissons. La route est bonne quand les pluies n'ont point par trop détrempé le terrain, les chariots y passeraient avec facilité. En approchant de Ndumi, le terrain commence à s'onduler et on gravit la colline au sommet de laquelle le village est établi.

Ndumi, comme la plupart des localités que nous avons rencontrées sur notre route, est une réunion de vingt-cinq à trente misérables huttes en terre, couvertes de joncs ou de feuilles de palmier et irrégulièrement placées d'après les caprices des propriétaires.

Nous trouvâmes à Ndumi cinq chariots et un wagon appartenant aux missions anglaises. On dressait des bœufs à Sadaani pour les atteler.

22 Janvier. — Nous partîmes de Ndumi le lendemain à 6 heures du matin. Nous quittions les côtes pour entrer dans l' „ Usigua. „

La marche fut lente et coupée de nombreuses haltes; à 10 heures nous dûmes de nouveau nous arrêter pour attendre notre chef de caravane resté en arrière pour cause de fièvre. A son arrivée, il dut se coucher dans une hutte improvisée; nous n'avions fait alors que 11 kil., cependant force nous fut de camper où nous nous trouvions, près d'un petit étang marécageux. On fit chercher des vivres à Mkangwe, village situé à 1 1/2 lieue de notre camp.

Une forte pluie qui survint pendant la nuit, incommoda beaucoup nos gens qui n'avaient pas pris la précaution de se construire des abris.

23 Janvier. — Nous nous remîmes en marche le jour suivant à 6 heures du matin; pendant une heure nous eûmes à traverser une jungle épaisse, dans un terrain argileux et glissant, puis la prairie alterna avec la jungle; nous essuyâmes une petite pluie persistante pendant la marche.

Le pays est assez couvert, mais les arbres de forte dimension sont rares. Les charrois y éprouveront assez de difficultés, quoique la route soit frayée à travers les petits bouquets de bois que nous avions à traverser.

Nous arrivâmes à Mamsisi à 10 heures du matin, après avoir fait 16 kilomètres.

24 Janvier. — Dès 5 3/4 heures nous étions en marche le lendemain; le paysage continua à présenter une succession de jungles et de prairies jusqu'à Kifuru (ou Kwa Ngombe) où nous établîmes notre camp à 10 heures.

Les villages ont des noms peu fixes dans cette partie de l'Afrique; ainsi, la localité où nous étions arrivés est nommée „ Kifuru „ sur les cartes les plus récentes, et cependant les habitants ne l'appellent que „ Kwa Ngombe „ (chez Ngombe), du nom de leur Sultan.

Il ne faut pas attacher à ce titre de „ sultan „ l'importance qu'on est habitué à lui donner en Europe. Un sultan n'est ici qu'un indigène qui, après avoir acheté quelques esclaves, ordinairement avec l'ivoire produit de sa chasse, choisit un endroit qui lui plait et s'y établit. Rien dans son habitation, sa tenue ou sa nourriture ne le distingue de ses sujets. Ceux-ci ne sont tenus qu'à quelques jours de travail chaque année au champ de leur maître, et il est d'usage que, ces jours-là, le sultan fasse une distribution de pombé (bière indigène, produit de la fermentation de la farine de « Mtama » ou millet).

Le sultan Ngombe vint nous voir et nous fit présent de tabac sous la forme de disques fortement comprimés; nous lui donnâmes quelques menus objets en échange.

25 Janvier. — La marche reprit à 6 1/4 heures; les mêmes difficultés de terrain que les jours précédents se représentèrent; à 1 kilom. environ de Kifuru, nous traversâmes le premier des deux ponceaux existants sur toute la route.

Ce pont, établi par les missionnaires anglais, se compose de quelques arbres jetés sur un ruisseau de 5 à 6 mètres de largeur et encaissé de 3m50. Un tablier en rondins, recouvert de terre, permet le passage aux chariots.

A 10 heures du matin, nous arrivâmes à Mayoubika; le podomètre marquait 15 kilomètres. Il plut pendant toute la nuit du 25 au 26.

26 Janvier. — La journée fut très-pénible; les huit premiers kilomètres se firent à travers une jungle épaisse, la pluie de la nuit précédente avait changé le sentier en un ruisseau boueux; en plusieurs endroits nous dûmes traverser des parties marécageuses, où, sous les ardeurs d'un soleil brûlant, se décomposaient les joncs et les plantes aquatiques en exhalant des miasmes infects. Puis, nous eûmes à parcourir une vallée de 5 kilomètres de largeur, où l'eau s'élevait jusqu'au-dessus de la cheville. Le reste de la marche s'effectua dans un terrain où la jungle dominait. A 12 1/2 heures, nous atteignîmes Kwa diguame; nous avions fait 22 kilomètres. Peu après notre arrivée éclata une violente averse.

27 Janvier. — Il plut de nouveau pendant toute la nuit; le lendemain on ne se mit en route qu'à 6 3/4 heures. Nous eûmes ce jour-là plusieurs bouquets de bois à traverser, mais, comme précédemment, nous trouvâmes le chemin frayé au travers,

pour le passage des charriots. D'ailleurs, nous avons suivi constamment la route parcourue par M. Broyon et les missionnaires anglais avec leurs voitures, et les sillons des roues fortement imprimés dans le sol, témoignaient par écrit des efforts qu'avait exigés leur passage à travers les terrains détrempés. Nous dûmes nous arrêter souvent en route pour attendre les traînards ; à 11 heures nous arrivâmes à Kwa Mrere, le podomètre accusait 12 kilomètres.

Nous constatâmes que 7 hommes étaient hors d'état de marcher le lendemain, dont 5 blessés aux pieds ou aux épaules.

Vers le soir les noirs viennent nous demander un jour de repos. Vu le grand nombre d'invalides, nous le leur accordons volontiers.

28 Janvier — Le jour suivant fut donc consacré au nettoyage des armes et des effets.

29 Janvier. — On se remit en route à 6 1/4 heures du matin, laissant à Kwa Mrere deux malades, un troisième homme, qui se plaignait de coliques, marcha avec nous mais sans fardeau et nous louâmes trois habitants du village pour porter leurs charges jusqu'à l'étape suivante. Nous eûmes d'abord à traverser un petit marais profond de $0^{m}60$ et, après 1 kilom. nous arrivâmes à la Bukigura, cours d'eau rapide de 15 à 20 mètres de largeur ; les rives sont escarpées de 3 à 4 mètres, et la profondeur, variable suivant les saisons, atteignait en ce moment $1^{m}80$.

Nous traversâmes la rivière sur des arbres encore munis de leurs branches et renversés dans le courant. Le passage dura 3/4 d'heure, le transport des fardeaux d'une rive à l'autre étant une opération assez délicate.

Sur la rive droite se trouve une partie boisée très touffue, d'environ 50 mètres de largeur, où d'énormes lianes accrochaient à chaque instant les charges de nos porteurs ; nous y franchîmes deux ravins peu profonds mais assez escarpés.

Après être sorti du fourré, on eut à traverser pendant 5 kil. une jungle épaisse avec taillis épineux, puis le pays devint plus découvert jusqu'à Matunga, où on arriva à 12 1/4 heures. La distance parcourue était de 17 kilomètres.

Le camp fut établi dans le hameau situé le plus à l'Ouest.

Vers 3 heures éclata un violent orage qui dura jusqu'à la nuit.

A 8 heures du soir, les hommes vinrent nous prévenir qu'ils n'avaient pu se fournir des vivres dans le village, et qu'ils devraient s'en procurer le lendemain matin dans les localités environnantes. C'était encore un retard dans la marche mais il n'y avait rien à faire pour l'éviter.

30 Janvier. — Le lendemain, on fit donc « Télékésa. » Télékésa est à peu près synonyme de marche forcée ou plutôt doublée. Quant on a à traverser une partie de pays dépourvue d'eau et dépassant sensiblement les limites d'une étape ordinaire, on ne se met en route que dans l'après midi, vers 2 ou 3 heures. Les nègres mangent et boivent autant qu'ils peuvent avant de partir, et on marche aussi longtemps que possible. Vers 6 1/2 heures (et s'il y a clair de lune, beaucoup plus tard) on s'arrête, on campe et le lendemain on détale dès les premières lueurs du jour afin d'arriver rapidement au lieu où on trouvera de l'eau. Les nègres peu prévoyants par tempérament, ont souvent épuisé leur provision de liquide dès le premier jour ; ces sortes de marche, qu'on appelle « Télékésa » sont donc ordinairement très-pénibles pour les porteurs.

Quoique mes hommes fussent prévenus dès midi que je voulais me mettre en route à 3 heures, ils s'étaient dispersés dans les villages environnants et il était 4 1/4 heures quand la caravane fut réunie et prête à se mettre en marche. A 6 heures on dressa le camp après un parcours de 8 kilomètres.

31 Janvier. — Le lendemain, à 6 heures du matin nous nous remettions en marche, le soleil était très-ardent ce jour là, la plaine découverte et peu ombragée, aussi fûmes-nous obligés de nous arrêter vers 10 1/2 heures et d'attendre jusqu'à 2 1/2 heures pour continuer notre route, à 5 heures du soir nous arrivions à Kidudue. Nous avions fait 23 kilom. et franchi la frontière de l'Usigua et de l'Uguru.

En général la traversée du territoire de l'Usigua ne présente pas de difficultés extraordinaires pour le passage des chariots. Sauf la traversée des cours d'eau où les ponts font complétement défaut, le passage à travers les jungles épaisses et les parties marécageuses, le sentier se déroule sur un terrain légèrement ondulé couvert de buissons et d'arbres de faible dimension, et une bonne route pourrait y être établie à peu de frais. *Il n'en est pas de même pour* les autres contrées qu'il nous restait à parcourir.

1er Février — A 6 heures, nous quittions Kiduduè. Le paysage se présenta d'abord sous le même aspect que précédemment ; une jungle plus ou moins épaisse et plus ou moins haute alternait avec la prairie. A 9 heures nous arrivâmes à une plaine submergée où l'eau s'élevait à 0^{m}30 en moyenne au dessus du sol, cette plaine est traversée par un fossé où la profondeur atteignit 0^{m}80. A 10 heures nous arrivions aux bords de la « Mvue .» La passerelle que nous y trouvons, s'était effondrée en parti, mais quelque dangereux que fut ce moyen de passage d'une rivière à courant rapide, de 23 mètres de largeur et de 2 mètres de profondeur, nous n'avions pas l'embarras du choix. Chacun s'aventura isolément sur ce pont d'acrobates, les fardeaux les plus légers passant les premiers pour s'assurer de la solidité des supports. Pour plus de sécurité nous fîmes tendre une forte corde d'une rive à l'autre, nous fûmes heureux, après 1/2 heure d'anxiété, de voir nos gens et notre matériel arrivés sans accident sur la rive droite.

Le long de la rivière, s'étend une bande boisée de 100 à 200 mètres de largeur, les arbres y atteignent des dimensions considérables. Les voyageurs anglais y avaient déblayé, à la hache, un chemin pour leurs chariots ; après avoir traversé ce bois, nous tombâmes dans une prairie ou jungle inondée, où l'eau s'élevait presque constamment jusqu'au dessus du genou. Nous y pataugeâmes sous les rayons du soleil africain jusqu'à 1 heure de relevée. Nous arrivâmes enfin à Kmougu, après avoir fait 20 kilom. Le soir deux nègres avaient la fièvre

2 Février. — Le lendemain on se remit en marche à 6 1/2 heures, toujours des marais à traverser et de l'eau jusqu'à mi-cuisse, nous n'avançions que très-lentement, chacun suivant pas à pas son chef de file pour éviter de tomber dans un trou ou de s'accrocher à des racines invisibles. Vers 8 heures du matin nous rencontrons des gens de M. Broyon se rendant à la côte, et porteur d'une lettre pour le commandant de l'expédition internationale africaine. Après en avoir pris

connaissance, je la fis parvenir au capitaine Crespel. Nous ignorions encore la triste catastrophe arrivée à Zanzibar, où le capitaine était mort de la fièvre le 24 Janvier.

La lettre de M. Broyon nous informait qu'à partir de Mvomer il avait dû abandonner la route qu'il prenait ordinairement à travers les montagnes, pour continuer à suivre avec ses chariots la vallée du Wame.

A 8 1/2 heures nous traversons la Kiruvu, rivière encaissée de 5 à 6 mètres, ayant 8 mètres de largeur et $0^{m}60$ de profondeur d'eau. Une demi-heure plus tard nous arrivons à la Lukindu qui a 20 mètres de largeur et $1^{m}20$ de profondeur; enfin à 10 heures, nous nous arrêtons à Mkindo, petit village bâti au sommet d'un monticule rocheux. Nous n'avions fait que 8 kil. Le soir, nos porteurs vinrent de nouveau nous informer qu'ils ne pourraient se procurer des vivres pendant trois jours, dans les villages sur notre route. Nous dûmes encore nous résigner à perdre une partie de la journée suivante.

3 Février. — La matinée fut employée à chercher des vivres; vers 2 1/2 heures de l'après-midi éclata un violent orage qui nous empêcha de nous mettre en route. Les hommes qui s'étaient dispersés dans les villages voisins, avaient pris du « pombe ». Les indigènes disent du pombé, fabriqué la veille et qui a fermenté toute la nuit : le matin c'est du miel, à midi c'est du vin, le soir c'est du vinaigre. C'était probablement de cette dernière qualité que nos gens avaient bu, car, à leur retour, des rixes s'élevèrent et on joua un peu du couteau L'ordre toutefois se rétablit rapidement. Ce fût la seule occasion où nous eûmes à nous plaindre de la conduite des nègres qui nous accompagnaient.

Les dernières marches que nous venions de faire avaient été des plus pénibles; nous étions presque constamment dans l'eau et le soleil, à peu près au Zénith, était plus ardent qu'à toute autre époque. Les pluies journalières détrempaient le peu de terrain solide que nous avions à traverser, et les hautes herbes marécageuses nous interceptaient la moindre brise qui aurait pu rafraîchir l'air. Mener des chariots à travers ces contrées est un chef-d'œuvre de patience et d'énergie.

4 Février. — La marche reprit le 4 février, à 6 1/2 heures

du matin, dans un pays couvert d'une jungle très-épaisse et très-haute et coupé de nombreux cours d'eau. A 7 1/2 heures nous arrivons à la Mawe, torrent rapide, roulant avec bruit sur des masses granitiques. Un énorme tronc d'arbre, jeté au travers du courant, qui a de 12 à 15 mètres de largeur, sert de pont. A 9 1/2 heures, nous rencontrons la Maululu (d'autres m'ont dit que cette rivière s'appelle la Magrumi), près du village de Kwa Mchoropa. Ce cours d'eau a 6 à 8 mètres de largeur et $0^{m}65$ de profondeur.

A partir de ce point, la direction générale de la marche qui avait été jusqu'alors O. et O. S. O., s'inclina vers le S. et devint S. S. O. A 10 3/4 heures, nous passâmes près de Mvomero, à 11 1/4 heures nous traversâmes la rivière du même nom ($0^{m}60$ de profondeur, 5 à 6 mètres de largeur) et nous établîmes notre camp dans la jungle, sur la rive droite. Le trajet parcouru ce jour-là était de 17 kilomètres.

5 Février. — Le camp fut levé le lendemain, à 6 heures 35. On marcha d'abord dans la jungle, mais après quelques kilomètres on rencontra successivement des prairies et des jungles. A 10 heures nous arrivions à la Mkindo, cours d'eau de 60 mètres de largeur, mais qui n'a que $0^{m}25$ à $0^{m}30$ de profondeur, maximum. Le courant est assez rapide, sur un fond de sable grossier. Une crue de $0^{m}50$ à $0^{m}60$ élargirait le lit de cette rivière de plus d'un kilomètre comme on peut s'en apercevoir par la nature des rives. Celles-ci forment, sur un trajet de 1 1/2 kil., une forêt de forts roseaux de 5 à 6 mètres de hauteur, sur un sol sablonneux et plat. A 11 heures, nous arrivions à Mangubungubu ; le podomètre accusait 15 kilomètres.

En s'installant, les nègres tuèrent un petit serpent vert, de $1^{m}20$ de longueur et de $0^{m}03$ de diamètre, qui s'était glissé entre les cases. Ce fut le seul reptile dangereux que nous vîmes de toute la route.

6 Février. — Nous quittâmes Mangubungubu le lendemain à 6 heures 40 m. Après 2 kilom. effectués dans la jungle, nous nous trouvâmes dans le « porri » (vaste plaine inhabitée, faute d'eau en saison sèche). La prairie, couverte d'une herbe peu élevée et de nombreux buissons est très-giboyeuse. Nous y aperçûmes de nombreux troupeaux d'antilopes, de giraffes, de

zèbres et quelques sangliers. A 12 1/2 heures on s'arrêta au bords d'une mare presque desséchée et on y établit le camp après avoir fait 20 kilomètres.

7 FÉVRIER. — Nous nous remîmes en route le jour suivant à 6 heures du matin; le paysage présentait le même aspect que la veille, toujours le porri à traverser. A 9 heures nous arrivions au premier hameau de Msuero; nous traversons ensuite le « Msuero » rivière (que les habitants appellent Tame) qui a de 70 à 80 mètres de largeur et 0m80 de profondeur. Elle est encaissée de 3 à 4 mètres. Nous campons sur la rive droite du hameau qu'habite le sultan. Distance podométrique parcourue, 11 kilom. Msuero est à la limite de l'Ukaguru. Ce village, de même que Mangubungubu, est habité par des Makuas ou chasseurs.

Ces Makuas attaquent l'éléphant, le buffle, etc. soit avec de vieux fusils à percussion ou à silex sur lesquels j'ai souvent reconnu la marque de nos fabriques liégeoises, soit avec des flèches empoisonnées dont le venin est tellement subtil, que l'animal touché ne fait plus qu'une vingtaine de pas avant de tomber. Ils nous ont dit que si, après avoir blessé un éléphant, on avait le temps de couper un morceau de chair à l'extrémité opposée à la blessure avant d'avoir pu compter jusqu'à 300, on pouvait encore manger cette viande, plus tard toute la bête était empoisonnée. Ces chasseurs ont pour croyance que quand l'un d'eux est tué ou blessé dans une de leurs lointaines et périlleuses expéditions, c'est que sa femme a oublié ses devoirs conjugaux pendant son absence et lui a jeté un sort pour le faire périr. La malheureuse est brûlée vive ainsi que son complice supposé, désigné par le « Sorcier. » Nous eûmes ainsi l'explication des nombreux bûchers que nous avions rencontrés sur notre route et dans lesquels nous avions trouvé des ossements humains calcinés. Souvent ces bûchers étaient disposés par couple des deux côtés du sentier, et le vêtement des victimes, suspendu à un arbre au dessus du lieu du supplice, leur servait d'épitaphe jusqu'à ce que le vent et les pluies eussent emporté les cendres et leur funèbre drapeau.

8 FÉVRIER. — Nous quittions Msuero le lendemain à 6 1/2 heures du matin pour entrer dans les plaines de l'Usagara. La

végétation restait la même, une succession de hautes herbes et de jungles épaisses sur un terrain bas et humide. Nous arrivions à Mvumi à 9 1/4 heures.

Nous avions été prévenus que dans les villages que nous devions rencontrer pendant quelques jours, les vivres étaient rares; cependant le chef indigène de notre caravane avait négligé de faire une triple distribution la veille, comme je le lui avais recommandé; nous dûmes donc nous arrêter à Mvumi après n'avoir parcouru que 10 1/2 kilomètres.

Il tomba une forte averse dans l'après-midi et la pluie persista pendant la nuit.

9 Février. — Nous partîmes de Mvumi à 7 heures. A 200 mètres du village on passa la Mvumi, sur un pont en rondins, avec tablier en joncs. Le ruisseau a de 4 à 5 mètres de largeur et est encaissé d'environ 3 mètres. Après avoir traversé quelques kilomètres de jungle, nous arrivâmes à une plaine assez découverte; dès le dixième kilomètre le terrain commença à s'onduler légèrement, à 11 1/4 heures nous entrions à Bodehua, après avoir fait 16 kilomètres. Comme la veille un orage éclata dans l'après-dîner et il plut toute la nuit.

10 Février. — Nous étions en route le lendemain à 6 1/2 heures; après avoir traversé deux hameaux peu importants, nous arrivâmes à un marais de 25 à 30 mètres de largeur qu'on franchit sur des troncs d'arbres; à 7 heures 10 min. nous nous trouvions sur les bords du Wame, courant rapide de 25 mètres de largeur et de 1m50 de profondeur. Le passage à gué dura jusqu'à 7 heures 47. Une partie boisée d'une centaine de mètres de largeur s'étend le long de la rive droite du fleuve. L'étape s'acheva dans une jungle haute et touffue où nous eûmes à traverser successivement : la Msimba qui a 4 à 5 mètres de largeur et 0m30 de profondeur et la Voonga, 6 à 8 mètrs de largeur et 0m60 de profondeur. Après avoir repassé une seconde fois ce ruisseau à 200 mètres en aval, nous arrivâmes à Kwa Farahani à 12 heures 10 min. Le podomètre marquait 17 kilomètres. Farahani se trouve sur la route de Bagamoyo à Mpwapwa; nous y trouvâmes un des chariots que M. Broyon avait dû y abandonner faute d'attelages. Ce fut là également que nous apprîmes d'un messager, porteur de la nouvelle à Zanzibar, que

le lieutenant Smith et un de ses compagnons avaient été assassinés dans l'Ukerewe.

Une pluie violente, accompagnée d'orage, tomba pendant toute la nuit.

11 FÉVRIER. — En quittant Kwa Farahani le lendemain, nous nous dirigeâmes vers l'ouest. Nous eûmes d'abord à traverser pour la troisième fois la Loonga qui, en cet endroit, a 12 mètres de largeur et $0^{m}50$ de profondeur. La pluie avait transformé le sentier en un ruisseau boueux et glissant. Nous marchions souvent dans l'eau jusqu'aux genoux. A 9 heures nous passons le Mrogoro, courant faible de 10 mètres de largeur et de $0^{m}40$ de profondeur ; à 500 mètres plus loin se trouve le village de Mambumi où nous nous reposâmes pendant une demi-heure. La marche reprit ensuite à travers la jungle jusqu'à Mrogoro ; à 200 mètres plus à l'ouest nous repassons le Mrogoro qui n'a plus alors que 5 à 6 mètres de largeur et $0^{m}50$ de profondeur. Puis, après avoir pataugé sur un parcours de 500 mètres dans un fond vaseux, nous arrivâmes à Kwa Tupa à 11 heures 50 min. L'étape parcourue était de 12 kilom.

12 FÉVRIER, — Nous nous remîmes en route à 7 1/2 heures du matin, nous dirigeant vers le N. et le N.-O. ; une heure plus tard nous atteignions les bords de la Mkondokowa, cours d'eau rapide et majestueux de 120 à 150 mètres de largeur. La Mkondokowa est le vrai prolongement du Wame qui se jette dans la mer au sud de Sadaani ; cependant les habitants conservent le nom de Wame à un affluent de la rive gauche, tandis que le courant principal change de nom. Nous dûmes remonter le cours sinueux de la rivière à travers les bois, les jungles et les plantations de maïs. Nous passâmes près de quelques petits villages dont il nous fut impossible d'obtenir les noms, les habitants nous répondent « qu'ils n'avaient pas de sultan. » Le terrain est marécageux en plusieurs endroits et on y remarque de profondes empreintes de pas d'hippopotames. En d'autre partie, la vallée est tellement resserrée que le sentier a dû être creusé dans le flanc des rochers. Sur les deux rives s'élèvent des masses granitiques couvertes d'un fouillis impénétrable d'arbustes et de lianes limitant l'étroite vallée de la rivière et suivant toutes les sinuosités de son cours. A 10 heu-

res nous arrivons à Kwa Kilosa; le podomètre accusait 10 1/2 kilomètres.

13 Février. — Le lendemain nous continuâmes à remonter le cours capricieux de la Mkondokowa, nous traversions des jungles ou des bois, suivant que le sentier se rapprochait de la rivière ou de la montagne. Parfois, aussi, se présentaient des parties basses, marécageuses ou submergées; enfin, à 8 heures 30 min. nous passons la rivière à gué, en face du village de Kitandamere. Ce gué a 120 mètres de largeur et $0^{m}60$ de profondeur; le courant y est très-rapide.

Nous recevons en ce moment un billet de M. Broyon nous informant qu'il était parti dans la nuit du camp de Kilassa et qu'il était revenu à Kiora pour nous recevoir, son installation à Kilassa n'étant pas encore terminée. Une demi-heure plus tard nous rencontrions M. Broyon lui-même qui, malgré une blessure à la jambe qui le faisait beaucoup souffrir, avait tenu à faire quelque pas à notre rencontre. La réception qu'il nous fit fut des plus cordiales et des plus sympathiques; nous continuâmes ensemble notre route jusqu'à Kwa Kiora, où nous arrivâmes vers 10 heures; nous avions fait 10 kilomètres.

14, 15, 16 et 17 Février. — Nous passâmes quatre jours à Kiora, en compagnie de M. Broyon. Notre hôte, avec une complaisance sans bornes, nous donnait des conseils précieux sur l'organisation de notre future caravane; il nous renseignait sur les espèces de marchandises ayant cours dans les diverses parties de l'Afrique centrale, sur le caractère des habitants et la manière de se conduire vis-à-vis d'eux, sur les dangers à éviter, sur les précautions à prendre dans certains cas particuliers, etc., etc. Il nous fit un itinéraire détaillé de notre route depuis la côte jusque dans l'Uniamuezi, s'efforçant de prévoir chacune des petites difficultés qui pourrait nous embarrasser ou retarder notre marche.

M. Broyon nous exprima ses regrets que sa blessure l'empêchât de se rendre à Sadaani pour nous aider, et nous proposa de nous envoyer quelques centaines de Waniamuezis à la côte, Seulement, ces hommes ne pourraient partir avant d'avoir terminé la récolte du maïs et n'arriveraient qu'à la mi-mai. Nous acceptâmes avec joie sa proposition, car la réunion de 300 à

350 porteurs qui nous seront probablement nécessaires, est une opération qui exige un temps considérable, et qui est très-difficile à certaines époques de l'année.

Nous trouvâmes à Kiora 6 voitures appartenant à M.Broyon, tous ses bœufs étaient morts et des 19 ânes qu'il avait emmenés, un seul était encore en vie. Les missionnaires anglais qui s'étaient établis à Kilassa, à cause de l'insalubrité de Kiora, se trouvaient dans les mêmes conditions, et avaient fait demander 80 bœufs à Mirambo, pour renouveller leurs attelages. Cette grande mortalité des bestiaux doit être attribuée aux fatigues de la route et surtout aux morsures de la « Tsetse ». M. Mackay, que nous avons rencontré lors de notre retour, nous signale la présence de cette mouche dans la vallée du Wame où on la supposait inconnue, et M. le docteur Kirk, consul anglais à Zanzibar, me confirma plus tard le fait de la façon la plus positive, car il possédait des spécimens de ce terrible insecte receuillis sur la route de Mpwapwa.

M. Broyon nous déconseilla fortement de tenter l'essai des chariots, ce que nous avions vu, suffisait déjà pour nous faire comprendre la sagesse de ce conseil, mais l'aspect du pays à notre retour, devait nous prouver clairement l'impossibilité pour notre expédition de faire usage des voitures.

Pendant notre court séjour à Kiora nous fûmes témoins d'une de ces tristes scènes de superstition dont le dénouement est toujours tragique. La fièvre sévissait depuis quelque temps dans le village et avait fait plusieurs victimes. Les habitants crurent à un charme et il fallait découvrir le coupable, on fit appeler le sorcier. Celui-ci passa processionnellement l'inspection de chaque hutte, précédé de tambours battant une espèce de marche funèbre avec accompagnement de tamtams et de grelots.

La visite des cases n'ayant probablement amené aucun résultat, on creusa devant la porte de chacune d'elles un trou de 2 pieds environ de profondeur, en examinant avec soin la terre qui en provenait. Malheur à celui chez qui on aura trouvé un morceau de bois ou une pierre de forme suspecte ! la victime, qui ignorera sa condamnation jusqu'au dernier moment, sera saisie à l'improviste un beau matin et brûlée vive.

Et pourtant les populations que nous avons visitées ont un caractère très-doux et très-hospitalier. La caravane s'installait au milieu des villages et était amicalement reçue. Souvent le sultan nous apportait un léger cadeau une corbeille de millet ou une poule et on lui rendait un peu d'étoffe en échange. Jamais la moindre querelle ne s'est élevée entre nos gens et les habitants. Il serait peut-être intéressant de donner ici quelques détails sur la manière de voyager des caravanes.

Dès les premières lueurs du jour, vers 5 1/2 heures du matin, le kirangosi (guide) avec sa trombe sonne le réveil. Les nègres à grand'peine se décident à se lever, ils roulent paresseusement leurs nattes et les ajustent sur leurs fardeaux, plient la tente, emballent les ustensiles qui ont servi la veille, et se mettent lentement en route. Le kirangosi marche en tête le drapeau déployé et anime au son de son instrument les porteurs encore endormis. L'Européen avale rapidement un peu de café et marche à la queue. Au bout de peu de temps le brouillard et la rosée ont trempé les voyageurs et réveillé les plus engourdis; le pas s'accélère, les conversations s'engagent et on ne songe à s'arrêter qu'au bout de 2 à 3 heures. Ce premier repos dûre de 20 à 30 minutes. Vers 7 heures le soleil a ordinairement percé la brume et vers 8 heures ou 8 1/2 heures toute trace de rosée a disparu. La chaleur commence alors à se faire sentir d'une façon incommode et dès 9 heures du matin il est prudent pour les blancs de s'abriter sous un parapluie. La caravane déroule son long ruban le long d'un sentier étroit, faisant les zig-zags les plus capricieux et les moins justifiables. Chaque obstacle sur la route est signalé de la tête à la queue de la caravane; un trou, une pierre, une racine, etc. ces mots passant de bouche en bouche, mais le cri le plus redoutable est celui qui indique la présence de bandes de fourmis. Quel que soit le fardeau que le porteur ait sur la tête, vous le voyez traverser l'espace dangereux en courant et en frappant fortement le sol à chaque pas. Après le premier repos on en fait ordinairement d'autres toutes les heures pour permettre aux traînards et aux éclopés de rejoindre. La longueur des étapes est ordinairement réglée d'après les difficultés de la route et aussi par l'éloignement des villages où on peut se procurer des vivres et de l'eau.

Dès qu'on arrive au camp les hommes déposent leurs fardeaux, reçoivent leur paie journalière en coton et se dispersent pour acheter leur nourriture. Celle-ci se compose généralement de riz ou de millet (mtama) qu'on broie dans des mortiers creusés dans un tronc d'arbre, avec des pilons en bois très-dur. Les nègres se réunissent de 6 ou 8 et font bouillir leur farine dans des pots en terre qu'ils transportent avec eux. Quand le manger est prêt, ils s'asseient en rond et dédaignant de se servir de cuillère, prennent leur repas en portant à tour de rôle la main au plat. Dès que le jour commence à baisser, ils vont couper de l'herbe ou des roseaux pour servir de matelas, étendent leur natte au dessus et se couchent en rond autour de la tente de leur chef. Des conversations animées se prolongent jusque bien tard dans la nuit et enfin le silence n'est plus troublé que par le ronflement des dormeurs, le jappement lointain du chacal et les hurlements de l'hyène.

18 Février — Il fallait songer au retour, les pluies journalières nous faisaient craindre que la « Mazika » ne nous surprît en route. Le lundi 18 février, à 7 heures du matin, nous quittâmes Kwa Kiora. M. Broyon voulut nous accompagner jusqu'au gué de la Mkodokowa, et là après une dernière poignée de main, nous nous souhaitâmes mutuellement un bon voyage, nous promettant de nous revoir dans quelques mois.

Nous étions à peine en route depuis une heure que nous rencontrâmes quelques nègres de l'expédition anglaise, porteurs d'une lettre de M. Mackay à notre adresse. Cette lettre, datée du 8 février, nous informait que le capitaine Crespel était mort à Zanzibar depuis un certain nombre de jours déjà à l'époque où elle avait été écrite.

Cette terrible nouvelle nous laissa quelque temps dans l'incrédulité, mais les détails ne laissaient planer aucun doute sur la réalité de ce malheureux événement.

Le devoir nous commandait de retourner le plus vite possible à Zanzibar, malheureusement je souffrais depuis 10 jours d'un dérangement d'estomac; une perte complète d'appétit m'avait fortement affaibli et je marchais péniblement à la suite de la caravane en proie à un accès de fièvre contractée à Kiora. Je ne pus aller ce jour-là que jusqu'à Kilosa.

19 FÉVRIER. — La fièvre persistant, nous dûmes nous arrêter à Mrogolo.

20 FÉVRIER. — Nous logeons à Kwa Farahani. Je ressentis dans l'après-dîner mon dernier accès de fièvre.

21 FÉVRIER. — Nous campons ce jour-là à Bodehua.

22 FÉVRIER. — Deux violentes averses que nous essuyons en route nous empêchent de pousser au-delà de Mvumi. Il plut encore toute l'après-midi et toute la nuit.

23 FÉVRIER. — Les chemins sont détestables, la rivière de Msuero est presque un torrent. Nous campons sur la rive gauche. Pluie dans l'après-midi et dans la nuit.

24 FÉVRIER. — Nous faisons ce jour-là 31 kilom. dans la porri de Msuero. Le sentier, sur plus des deux tiers du parcours est inondé, et 0m40 à 0m50 d'eau recouvrent l'emplacement où nous avions campé une quinzaine de jours auparavant. Nous logeons à Mangubungubu. Pluie dans l'après-dîner et dans la nuit.

25 FÉVRIER. — Nous marchons jusque Kwa Mchoropa. Terrain fortement détrempé, jungle presque constamment. Les cours d'eau ont beaucoup grossi et il s'en est formé des nouveaux.

26 FÉVRIER. — Dès le départ, nous marchons dans la jungle inondée. Arrivés aux parties basses de l'Ukaguru l'inondation est complète. Nous suivons pendant 2 1/2 à 3 kil. une éclaircie dans les roseaux et les plantes aquatiques, ayant de l'eau jusqu'à la ceinture et parfois jusqu'aux aisselles, et nous voyons des poissons prendre leurs ébats sur la grande voie carossable de ces contrées. La Makindo n'était plus guéable ; il nous fallut en descendre le cours pendant 2 à 3 kilom., pour trouver une passerelle.

Il en fut de même à la Mvue ; le courant avait emporté le pont qui nous avait servi la première fois, mais en descendant le courant pendant 25 minutes, nous rencontrâmes un pont suspendu, d'une construction très-hardie : aux branches de deux gros arbres, situés sur l'une et sur l'autre rive, sont attachées deux fortes lianes auxquelles est suspendu, au moyen d'autres lianes, le tablier du pont composé de rondins d'un mètre de longueur, et espacés de 0,10 à 0,15 centimètres.

La rivière a en cet endroit une cinquantaine de mètres de largeur ; des arbres, échoués dans le courant, servent de points d'appui intermédiaires. Pour traverser ce pont on doit d'abord grimper dans les branches des arbres riverains au moyen de plans très-inclinés, formés de perches maintenues ensemble par des traverses. La descente se fait de la même façon.

Nous campâmes dans un tembe, sur la rive gauche de la Mvue.

27 FÉVRIER. — Nous arrivons à Kidudué, où nous rencontrons M. Mackay, missionnaire anglais, arrêté par le bris d'une des roues de ses chariots ; faute de pouvoir se procurer rapidement des vivres, nous sommes obligés de camper en cette localité.

28 FÉVRIER. — La marche s'exécuta comme celle de la veille dans une prairie humide ; le sentier n'était qu'un amas de boue. Nous faisons ainsi 31 kilom. dans le porri de Kidudué et nous arrivons à Matungu à 1 1/2 heure de relevée.

1er MARS. — On se remit en route le lendemain à 6 1/2 heures. En arrivant à la Bukigura, nous trouvâmes de nouveau la passerelle emportée et, comme précédemment, nous descendîmes le courant pendant plus d'une demi-heure. A la fin, nous rencontrâmes un passage excessivement précaire : Un tronc d'arbre, au milieu de la rivière, arrêtait d'un côté des bois flottants qui s'appuyaient également à la rive ; de l'autre côté, quelques branches vacillantes, submergées et invisibles en partie, formaient, avec une liane comme garde-fou, les points d'appui et de support pour traverser le cours d'eau. Une corde fut tendue d'une rive à l'autre, et après mille précautions, on parvint à gagner la rive opposée. Ce passage dura près d'une heure. On continua ensuite la marche jusqu'à Kwa Diguame où on arriva à midi trois quarts.

2 MARS. — A peine étions-nous en marche le jour suivant, qu'une forte averse éclata et dura plus de deux heures. Nous étions littéralement trempés jusqu'aux os. Le sentier n'était plus qu'un égout par lequel l'eau s'écoulait avec rapidité sur les pentes des collines et allait former des ruisseaux profonds dans les vallées. Nous marchâmes jusqu'à 10 heures sans nous arrêter ; on fit alors un repos à Kikuizo jusqu'à 2 1/2 heures et la marche reprit ensuite jusqu'à Kifuru où nous arrivâmes

à 6 heures du soir, après avoir essuyé une seconde averse. Nous avions marché rapidement la 2me partie du trajet afin d'arriver à l'étape avant la chute du jour : nous avions fait 37 kilom. aussi quelques uns des porteurs ne nous rejoignirent qu'à une heure avancée de la soirée.

3 Mars. — Les fatigues des journées précédentes avaient exténué les hommes. Deux malades restèrent à Kifuru, Nous nous mîmes lentement en marche jusqu'à 11 heures du matin, on se reposa jusqu'à 1 1/2 heure, et nous arrivâmes à Mkangwe à 5 1/2 heures du soir. Cette seconde partie du trajet se fit sous une pluie continuelle.

4 Mars, — Partis de Mkangwe à 6 heures, nous arrivons à Ndumi à 12 3/4 heures.

Nous avions éxécuté en 15 jours au retour un trajet qui en avait exigé 24 à l'aller.

5 Mars. — Nous nous embarquons avec toute la caravane dans un « dhow » à 1 heure du matin. A 2 1/2 heures de relevée nous débarquions à Zanzibar.

Zanzibar, le 30 Mars 1878.

CAMBIER.

www.ingramcontent.com/pod-product-compliance
Ingram Content Group UK Ltd.
Pitfield, Milton Keynes, MK11 3LW, UK
UKHW020551230726
13925UKWH00006B/2521

9 782013 669504